15404596R00062

Made in the USA
San Bernardino, CA
16 December 2018